# Inhalt

Aus Gründen der besseren Lesbarkeit wird die männliche Form verwendet. Die Begriffe Lehrer, Schüler, Spieler, … meinen immer auch Lehrerinnen, Schülerinnen und Spielerinnen. Es wird darauf hingewiesen, dass Illustrationen nicht immer auch eine korrekte Beinstellung bezüglich technischer Ausführungen darstellen, sondern zur Verdeutlichung dienen.

# Zielsetzung und Vermittlungskonzept

Die Unterrichtsreihe von 10 Stunden für die Klassenstufe 5–7 stellt ein Vermittlungskonzept dar, das sich ein Spielen-Können zum Ziel setzt. Sportspielübergreifende Basiskompetenzen wie sie in den Spielformen zur Ball- und Schlägergewöhnung (vgl. Thema 1 und 2) vorkommen, stellen ein Fundament für die nachfolgende spezifische Sportspielvermittlung dar. Die spezifische Vermittlung von Schlagtechniken und Spielhandlungen werden zunehmend erweitert. Das spielgemäße Konzept bei der Vermittlung des Sportspiels Tischtennis folgt in erster Linie dem Ansatz „Tischtennisspielen lernt man durch Spielen", wird aber durch die Notwendigkeit des Erlernens von Schlagtechniken zur Ausführung des Sportspiels Tischtennis durch methodische Übungsformen ergänzt. Weiterführende Darstellungen zum Vermittlungskonzept sowie zur Methodik und Didaktik der Schlagtechniken können der Quelle (S. 64) entnommen werden. Zusätzlich werden weitere Materialien zum Download unter www.sportfachbuch.de bereit gestellt.

Um im Tischtennisunterricht sowohl das leistungsorientierte Sportspiel als auch das Freizeitspiel mit seinen alternativen Zielsetzungen möglichst schnell umsetzen zu können, hat sich die methodische Einführung über die Konterschläge als sinnvoll herauskristallisiert. Die Konterschläge sind zentral getroffene Schlagtechniken, die dem Ball keine/kaum Rotation geben, sodass die Gegenspieler nicht mit schwierigen Rotationen wie bei den Schupfschlägen (Rückwärtsrotation) und Topspinschlägen (Vorwärtsrotationen) konfrontiert werden. Aus der Erfahrung mit vielen Schülergruppen sind der Vorhand-Konterschlag in Verbindung mit dem Rückhand-Konterschlag sowie den daraus resultierenden Konteraufschlägen attraktive und schnell zu realisierende Schlagtechniken. Die Konterschläge sind aufgrund des Treffpunktes des Balles mit relativ senkrecht bis leicht geschlossen stehendem Schlägerblatt erfahrungsgemäß einfach und leicht erlernbar, sodass sehr früh in der Unterrichtseinheit in Spielformen gespielt werden kann. In diesem Buch für die Klassenstufen 5–7 werden die Konterschläge und Konteraufschläge mit dem Vorhand-Topspin und -aufschlag sowie dem Rückhand- und Vorhand-Block vermittelt.

# Organisation und Ausstattung

## Organisation

Das Gelingen einer Sportstunde hängt neben den didaktischen und methodischen Überlegungen auch von den Rahmenbedingungen, sprich den Materialien, Geräten und Medien, ab. Bei der Sportart Tischtennis steht man diesbezüglich häufig vor dem Problem, viele Schüler und wenige Tischtennis-Tische vorzufinden. Verschärft wird dies oftmals noch durch eine unzureichende Anzahl an Bällen und Schlägern. In den Stundeneinheiten wird dies durch entsprechende Organisationen bei den Spiel- und Übungsformen berücksichtigt.
Wünschenswert wären genügend Tischtennis-Schläger (für jeden Schüler ein Schläger), genügend Bälle (ein Karton/Balleimer mit ca. 100 Bällen zur Nutzung des Balleimertrainings), pro vier Schüler einen Tischtennis-Tisch (mindestens; besser ein TT-Tisch pro Spielerpaar), eventuell Spielfeldumrandungen zur Abgrenzung von Spiel- bzw. Übungsstationen, Pylonen (Markierungshütchen) zum Markieren von Laufwegen und als Mittel beim Balleimertraining, Wandtafel oder Flip-Chart zum Aufzeichnen und Erklären von Spiel- und Übungsformen sowie technischen und taktischen Handlungen im Einzel- oder Doppelspiel. Zusätzlich werden Langbänke und kleine Kästen genutzt, die zur Grundausstattung einer jeden Halle gehören.

Die Schulrealität zeigt, dass viele Schüler Tischtennisschläger zuhause besitzen und zum Unterricht mitbringen können. Hierbei ist darauf zu achten, dass sowohl die Schulschläger als auch die eigenen Schläger von zuhause qualitativ so ausgestattet sind, dass die Beläge „Noppen innen“ (also glatte Beläge) haben, entsprechende Schwammschichten besitzen und „griffig“ sind (der Ball rutscht nicht über den Belag weg), damit die Realisierung von Schlagtechniken gewährleistet ist.

Jede Stundeneinheit ist als Doppelstunde aufgebaut (90 Minuten, davon gehen erfahrungsgemäß je 5 Minuten zum Umziehen vor und nach der Stundeneinheit sowie jeweils 5 Minuten zum Tischauf- und -abbau ab).

Stehen lediglich 45 Minuten zur Verfügung, muss eine Auswahl aus den Stundeneinheiten getroffen werden. Um die 45-Minuten-Unterrichtseinheit in ihrer Effektivspielzeit zu optimieren, bietet sich zum Beispiel eine Absprache mit den Lehrkräften davor liegender oder folgender Stunden zwecks Kooperation an, sodass die TT-Tische bereits stehen.

| | Aufwärmen/Aktivierung | Übungsphase | Spielphase |
|---|---|---|---|
| 45-Min.-Einheiten: | 5 Minuten | 10–15 Minuten | 10–15 Minuten |
| 90-Min.-Einheiten: | 10 Minuten | 30 Minuten | 30 Minuten |

## Material

Verschiedene Schläger- und Ballmaterialien

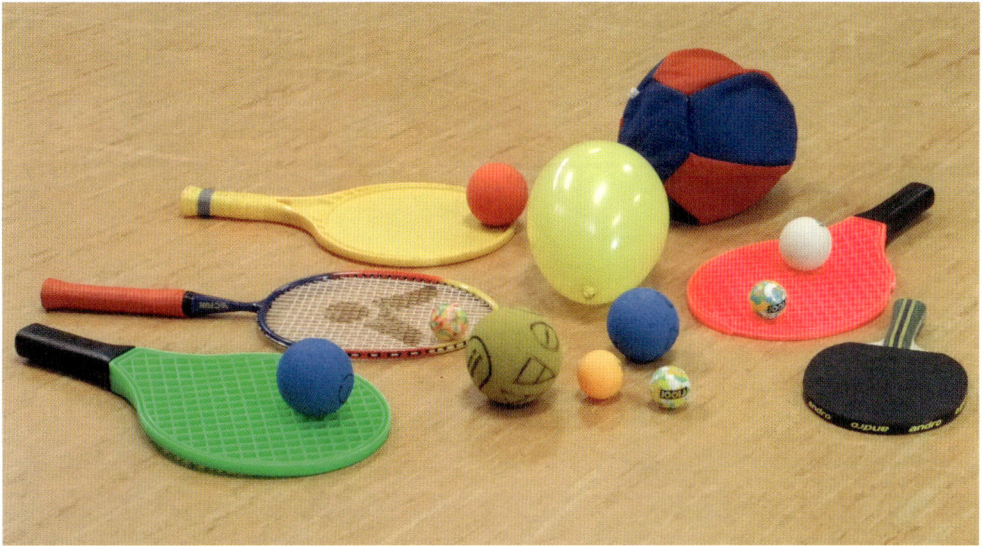

# Legende

| | |
|---|---|
| A | Spieler A |
| A ◄—► A | Lauf-/Sprungweg von Spieler A |
| B | Spieler B |
| 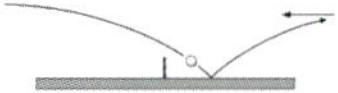 | Ballweg |
| ⇨ | Laufweg |
| L | Lehrer |
| RH | Rückhand |
| VH | Vorhand |
| 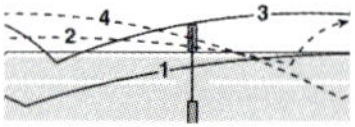 | Reihenfolge der Ballwege |
| **1** **2** **3** **…** | Reihenfolge der anzuwendenden Schlagtechniken |
| ÜF | Übungsformen |
| SF | Spielformen |
| TT | Tischtennis |
| Vw | Vorwärtsrotation |
| Rw | Rückwärtsrotation |

# Thema 1: Grundlagen 1 (Schläger- und Ballgewöhnung)

Bevor es zur Schulung der Konterschläge an den Tisch geht, sollen vorbereitende Spiel- und Übungsformen das Ballgefühl und die Koordination hinsichtlich eines zentral getroffenen Balles verbessern. Die folgenden Spiel- und Übungsformen können sportspielübergreifend mit unterschiedlichen Schlägern (Speckbrettschläger, Beach-Tennisschläger u. a.) und Bällen (Softbälle verschiedener Größen, Jumbo-Tischtennisbällen u. a.) und/oder tischtennisspezifisch mit dem Tischtennis-Schläger und Tischtennisbällen durchgeführt werden. Wichtig: Zur Schulung und Verbesserung der koordinativen Fähigkeiten sollen alle Übungen mit der rechten und linken Hand (Lateraltransfer) trainiert werden.

## Aufwärmphase

### Spiel: Haltet den Kasten voll

In der Mitte der Halle steht ein kleiner Kasten umgedreht auf seiner Lederfläche. Im Kasten sind 3 Mal so viele Tischtennis-Bälle wie Schüler. Der Lehrer (oder ein Schüler) verteilt die Bälle werfend in der Halle. Er darf aber immer nur einen Ball nach dem anderen in die Halle werfen.
Die Schüler versuchen die Tischtennis-Bälle so schnell wie möglich wieder in den Kasten zu legen. Schafft der Lehrer es in einer bestimmten Zeit (z. B. 5 Minuten), den Kasten zu leeren, hat er gewonnen. Schafft er es nicht, haben die Schüler gewonnen!

***Variation***
Die TT-Bälle müssen mit dem TT-Schläger in den Kasten transportiert werden (Tippen, prellen, balancieren)! Ziele des Aufwärmspiels sind die physischen und mentalen Aufwärmeffekte für die nachfolgenden Belastungen sowie insbesondere Taktik, Teamfähigkeit, Orientierung und Schnelligkeit.

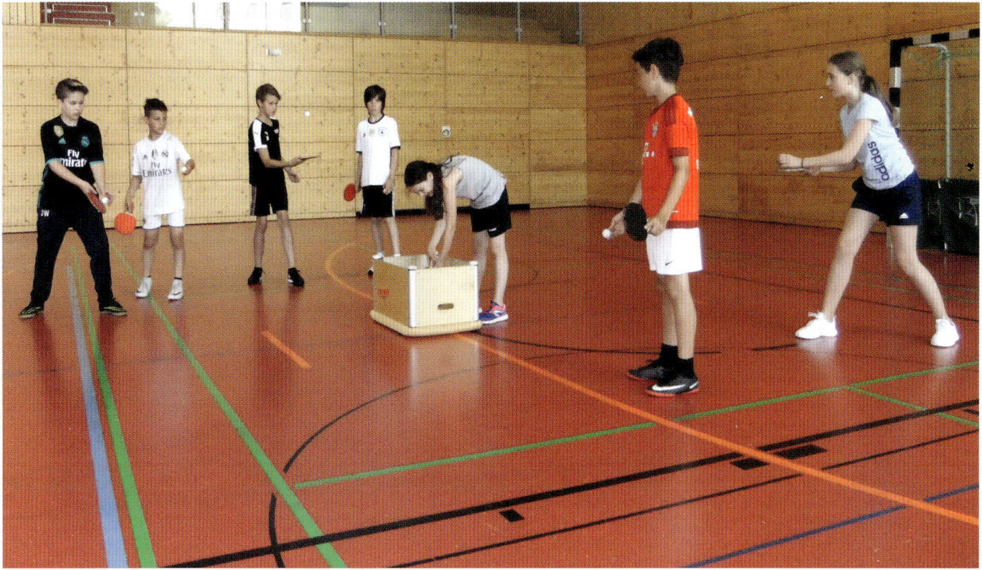
adidas

## Übungsphase

### Spiel- und Übungsformen ohne Partner

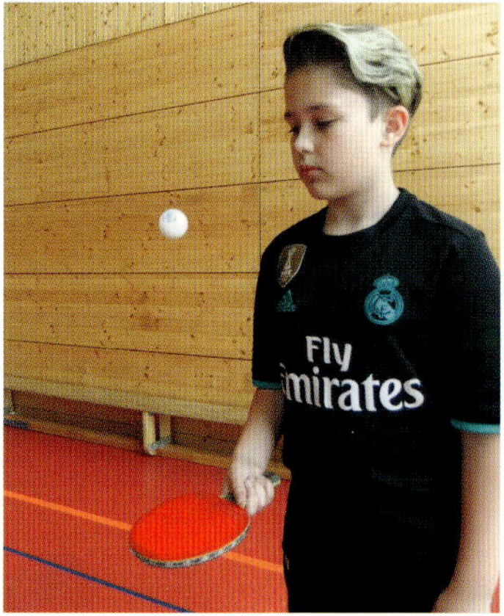

*Tippen des Balles*

- Die unterschiedlichen Bälle werden mit der Vorhand und Rückhand auf den unterschiedlichen Schlägermaterialien links – rechts bzw. vor – zurück gerollt, d. h. Balancieren des Balles.
- Der Ball wird durch zentrales Treffen mit dem Schläger in die Luft geschlagen und darf auf dem Boden zunächst mehrmals aufspringen, dann nur noch einmal.
- Der Ball wird im Stand mit der VH-Seite getippt. Dabei wird der Ball flach/hoch gespielt: in der Hocke, im Hochzehenstand, im Sitz u. a.
- Der Ball wird wie o.a. mit der RH-Seite getippt, dann im Wechsel mit RH und VH.
- Die zuvor genannten Übungsformen werden im Gehen, Laufen, Hopser-Sprung, Seitgalopp, Rückwärtslauf u. a. ausgeführt.
- Die o. a. Übungsformen werden in einem begrenzten, immer kleiner werdenden Raum gespielt (z. B. nur innerhalb des Handballfeldes, dann nur innerhalb des Volleyballfeldes,

zum Schluss nur innerhalb des mittleren Teils des Volleyballfeldes oder innerhalb des Mittelkreises), in dem sich alle Spieler frei bewegen. Ziel der Spieler ist es, weder den Ball zu verlieren noch einen Mitspieler zu berühren.

- Prellen des Balles in Hüfthöhe mit der Vorhand seitlich vor dem Körper auf den Boden. Mit der Rückhand wird vor dem Körper geprellt. (Dies geht allerdings nur, wenn der Hallenboden geeignet ist, den Ball zurückspringen zu lassen!)
- *Variationen:* Rückhand/Vorhand im Wechsel, durch die Beine, im Lauf, im Hopsersprung, mit der Nicht- Spielhand.
- Der Tischtennisball wird im Lauf (vorwärts, rückwärts, unterschiedliche Tempos) auf einer Linie (Spielfeldmarkierungen) auf dem Schläger tippend oder auf dem Boden prellend gespielt. Ziel ist es wieder, den Ball nicht zu verlieren und mit niemandem zusammenzustoßen.
- Ecken-Spiel: Jeder Spieler hat einen Schläger und Ball. Es werden vier Gruppen gebildet, die jeweils in den vier Hallenecken oder vier markierten Spielfeldecken Aufstellung nehmen. Auf Pfiff laufen alle Spieler zur diagonal gegenüberliegenden Gruppe, indem sie den Ball mit Vorhand, Rückhand oder im Wechsel Vorhand/Rückhand zentral treffend tippen. Achtung: In der Hallenmitte treffen sich alle Spieler. Ziel der Übungsform ist es, ohne einen Mitspieler zu berühren bzw. den Ball zu verlieren, die gegenüberliegende Ecke zu erreichen.

- Nummern-Spiel: Die Gruppen bleiben wie oben zusammen. Jeder Spieler hat seinen Schläger, aber jede Gruppe hat nur einen Ball. Alle Spieler laufen frei durch die Halle. Die Gruppenmitglieder nummerieren sich mit 1, 2, 3, 4, … durch. Der Spieler mit der „1“ tippt den Ball mit Vorhand, Rückhand oder im Wechsel Vorhand/Rückhand, je nach Vorgabe. Auf Zuruf „2“ läuft der Spieler mit der Nummer „2“ zu „1“ und übernimmt den Ball; bei Zuruf „3“ läuft „3“ zu „2“ und übernimmt den Ball usw.
  *Variation:* Zuerst werden die Zahlen der Reihe nach aufgerufen, dann werden sie durcheinander gerufen.

### Spiel- und Übungsformen mit Partner

- Der Ball wird mit Vorhand oder Rückhand und im Wechsel Vorhand/Rückhand zu einem Partner gespielt. Variationen: Die Distanzen zum Partner werden verändert.
- Der Ball wird mit und ohne Bodenberührung zum Partner gespielt.
- Die Spieler dürfen beim Zuspielen einen bestimmten Aktionsraum (z. B. einen Gymnastikreifen) nicht verlassen.
- Der Ball wird zwischen drei, vier und mehr Spielern im Kreis, Viereck usw. zugespielt. Die Positionen wechseln dabei.

## Spielphase

### Tischtennis-Sportabzeichen

| Aufgabenstellung | Du hast Talent | Du bist gut | Du bist spitze |
|---|---|---|---|
| | ★ | ★ ★ | ★ ★ ★ |
| 1. Tippe den Ball ohne Unterbrechung auf dem Schläger (max. 3 Versuche) | mind. 10x | mind. 20x | mind. 50x |
| 2. Tippe den Ball abwechselnd mit Vorhand und Rückhand, wobei jeder Ballkontakt zählt (max. 3 Versuche) | mind. 10x | mind. 20x | mind. 50x |
| 3. Ziele genau! Schlage 10x den TT-Ball mit einmaliger Bodenberührung oder ohne Bodenberührung aus 3 m Entfernung in einen kleinen Kasten! | mind. 3x | mind. 5x | mind. 7x |
| 4. Slalom balancieren! Über eine Strecke von 6 m um 5 Slalomstangen mit dem Ball auf dem Schläger tippend hin und zurück balancierend laufen! | max. 25 Sek. | max. 18 Sek. | max. 11 Sek. |

# Thema 2: Grundlagen 2 (TT-Tennis und TT-Squash)

## Aufwärmphase

### Schattenlauf mit Schläger und Ball und Lauf-ABC

Ein Schüler läuft frei in der Halle den TT-Ball tippend und Übungen des Lauf-ABC (Kniehebelauf, Anfersen, Seitgalopp, Armkreisen usw.) vormachend, während sein Partner als „Schatten" die Übungen nachmacht. Jeder Schüler hat einen Schläger und einen TT-Ball. Ziel ist es, dass der Ball nicht verloren geht und man mit niemandem anstößt!

Hinweis: Der Ball soll mit der rechten und nach einiger Zeit mit der linken Hand auf dem Schläger getippt werden.

## Übungsphase und Spielphase

### „Tischtennis-Squash"

Der Ball wird mit der Vorhand bzw. Rückhand an die Wand gespielt. Am Anfang lässt man den Ball noch mehrmals, später nur noch einmal auf dem Boden aufspringen. Schließlich wird der Ball auch aus der Luft gespielt.

***Variationen***

- Der Ball wird nur mit der Rückhand gespielt.
- Der Ball wird im Wechsel mit VH/RH gespielt.
- Die Abstände zur Wand werden variiert.
- Stellspiel: Der Ball wird einmal auf dem Schläger „gestellt", dann an die Wand gespielt.
- Zonenspiel: An der Wand werden verschiedene Zonen markiert, in die der Spieler den Ball platzieren muss.
- Wand-Rundlauf: Mehrere Spieler laufen im Kreis um ein Hindernis und spielen abwechselnd den Ball an die Wand. Dabei sind der Lauf-, Raumweg und eine Zielorientierung an der Wand festgelegt.
- Nummern-Wandspiel: Mehrere Schüler werden nummeriert (1, 2, 3, 4, 5 …). Der Lehrer ruft die Nummern der Reihe nach (oder auch durcheinander) auf; der jeweilige Schüler reagiert und schlägt den Ball an die Wand, Raum und Ziel werden festgelegt.

## „Tischtennis-Squash“ als Wettspiel

In einem begrenzten Spielfeld und Raum an der Wand darf der Ball erst mehrmals, dann nur einmal aufspringen. Die Spieler versuchen, den Ball für den Mitspieler unerreichbar im Spielfeld zu schlagen.

***Variation***
Wettkampf als Einzel- oder Doppelspiel gegeneinander.

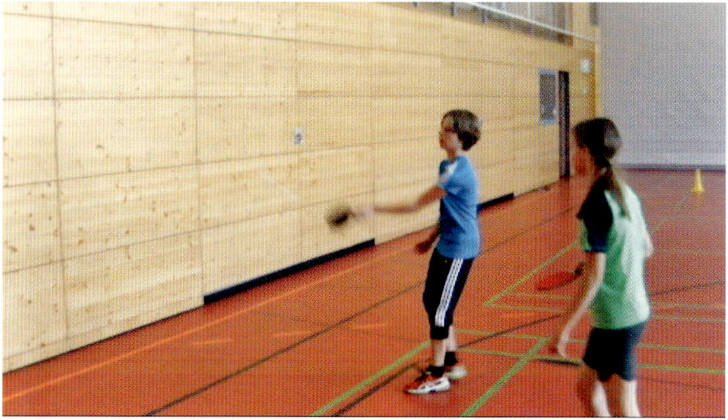

*Tischtennis-Squash gegen die Wand*

## Tischtennis-Tennis

Über eine Bank oder Spielfeldumrandung wird mit der Vorhand bzw. Rückhand miteinander gespielt. Der Ball darf erst mehrmals aufspringen, dann nur noch einmal, später auch volley aus der Luft gespielt werden. Variiert werden kann in der Spielfeldgröße, im Einzel- und Doppelspiel, im Miteinander und später als Wettkampf gegeneinander. Im Folgenden einige Beispiele:

- Der Ball wird nur mit der Rückhand gespielt.
- Der Ball wird im Wechsel mit VH/RH gespielt.
- Stellspiel: Der Ball wird einmal auf dem Schläger „gestellt", dann über die Umrandung gespielt.

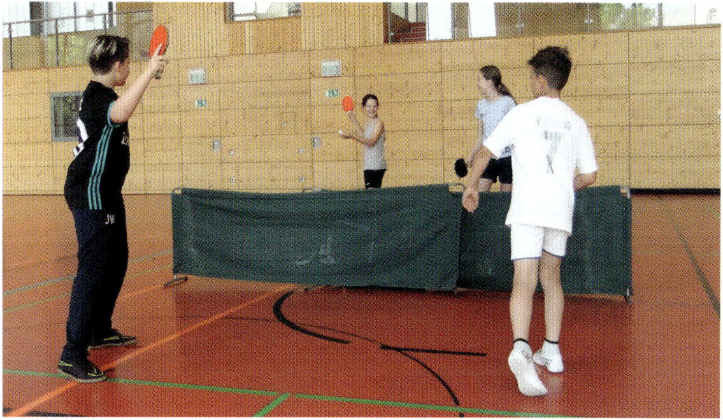

*Tischtennis-Tennis*

- Rundlauf: Mehrere Spieler laufen im Kreis um ein Hindernis und spielen abwechselnd den Ball über die Umrandung. Dabei ist der Laufweg festgelegt.
- Nummern Tischtennis-Tennis: Mehrere Schüler werden nummeriert (1, 2, 3, 4, 5 …). Der Lehrer ruft die Nummern der Reihe nach (oder auch durcheinander) auf; der jeweilige Schüler reagiert und schlägt den Ball über die Umrandung zum Gegenüber.
- Doppelspiel nach Tennis-Regeln: Die Doppelpaarungen spielen miteinander; es darf der Schüler den Ball schlagen, der besser zum Ball steht.
- Doppelspiel nach Tischtennis-Regeln: Die Doppelpaarungen spielen miteinander; der Ball muss aber abwechselnd geschlagen werden.
- Doppelspiele gegeneinander als Wettkampf (entweder nach Tennis- oder Tischtennis-Regeln).

# Thema 3: Vorhand-Konterschlag

## Aufwärmphase

### Linienlauf mit Schläger und Ball und Lauf-ABC

Die Schüler (jeder Schüler hat einen Schläger und TT-Ball) laufen und queren auf den Linien in der Halle und tippen mit dem Schläger den TT-Ball. Dabei absolvieren sie vom Lehrer vorgegebene Übungen des Lauf-ABC. Ziel ist es, den Ball nicht zu verlieren und mit niemandem zusammenzustoßen!

## Übungsphase

1. Den Ball zwei- bis dreimal auf der Vorhand-Tischseite aufspringen lassen und mit der Vorhand-Konterschlagtechnik diagonal zum Partner schlagen. Dieser fängt den Ball auf und spielt ebenso zurück. Wichtig ist, den Ball ohne Rotation frontal zu treffen.

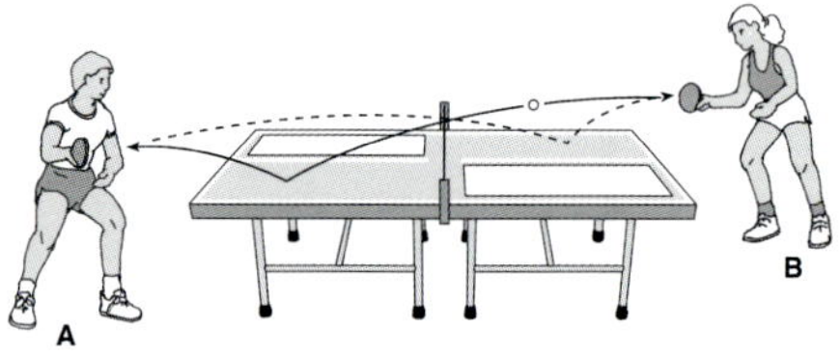


2. Die oben genannte Übungsform wird wiederholt, jedoch wird der Ball nur noch einmal aufspringen gelassen.

3. „Indirekter Konteraufschlag" diagonal zum Partner, der den Ball direkt zurück kontert. Der Aufschläger fängt den Ball auf und spielt erneut. Jeder Spieler übt mehrere Male.

4. „Indirekter Vorhand-Konteraufschlag" und Ausspielen des Ballwechsels.

5. Die Ballwechsel beginnen mit einem regulären VH-Konteraufschlag (Hinweis: gleiche Bewegungstechnik, aber der Ball muss zuerst auf der eigenen Tischhälfte über das Netz in die gegnerische Tischhälfte gespielt werden!)

## Balleimertraining

An einem Tisch übt ein Schüler mit Hilfe des Balleimertrainings die VH-Konterschlagtechnik. Ist ein Spieler im Zuspiel beim Balleimertraining geübt (z. B. Vereinsspieler), kann an mehreren Tischen Balleimertraining gespielt werden.

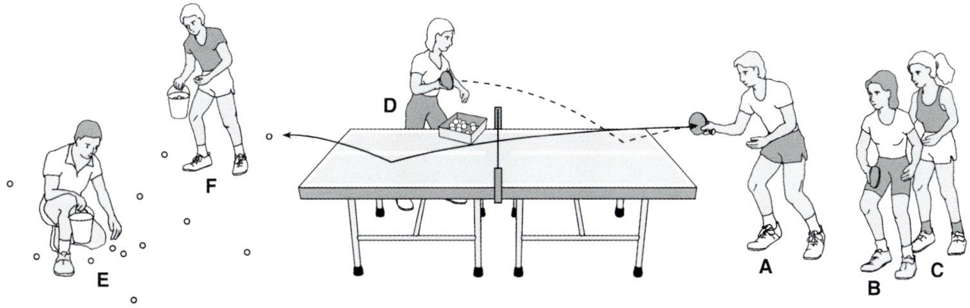

## Spielphase

### Rundlaufspiel

Es darf nur mit der VH-Konterschlagtechnik gespielt werden. Jeder Spieler hat 3 „Leben", das heißt, bei drei Fehlern scheidet der Spieler aus. Die anderen spielen weiter, bis nur noch 2 Spieler übrig sind. Diese spielen dann das Finale, z. B. einen Kurzsatz bis 5. Der Sieger hat damit eine „Krone" gewonnen, die er in einer nächsten Runde als zusätzliches „Leben" vor dem Ausscheiden einsetzen kann.

***Variationen***

- Rundlauf mit nur zwei Schlägern:
  Auf jeder Tischhälfte liegt für alle Spieler jeweils nur ein Schläger zum Spielen bereit!
- Rundlauf mit Hindernissen:
  Die Spieler müssen auf ihrem Weg einen Hindernis-Parcours durchlaufen.

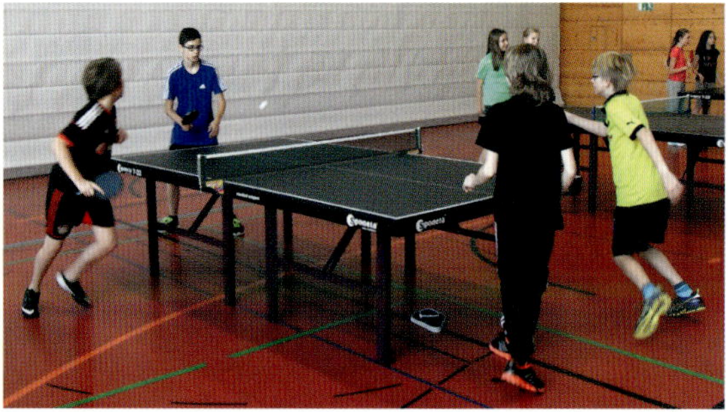

# Thema 4: Rückhand-Konterschlag und Rückhand-Konteraufschlag

## Aufwärmphase

### Rundlauf mit einem Zuspieler und Lauf-ABC

Der Lehrer fungiert an einem Tischtennis-Tisch als Zuspieler. Die Spieler spielen den Ball mit VH-Konter kontrolliert zurück und müssen dann nach Anweisung laufgymnastische Übungen (Hopser-Lauf, Kniehebelauf, Seitgalopp, Anfersen, Beine seitlich überkreuzen, schneller Lauf, Arme im Lauf vorwärts/rückwärts kreisen u. a.) um eine Distanz von mehreren Tischen zurücklegen, bis sie wieder mit einem kontrollierten Rückschlag zum Zuspieler am Rundlauftisch an der Reihe sind.

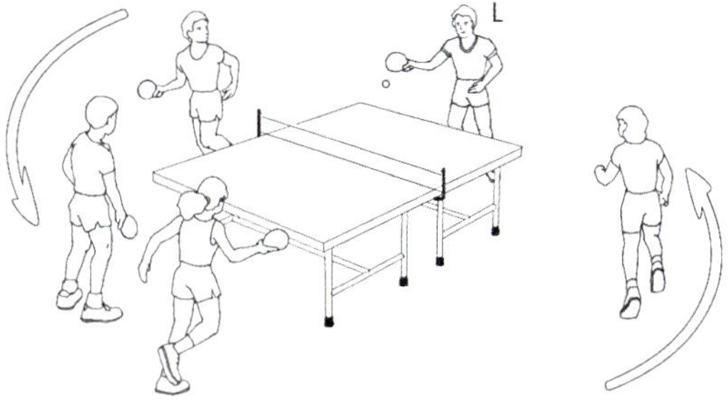

## Übungsphase

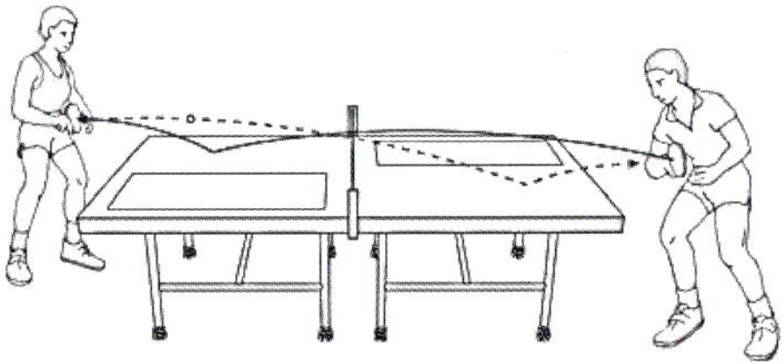

1. Den Ball zwei- bis dreimal auf der RH-Tischseite aufspringen lassen und mit der RH-Konterschlagtechnik diagonal zum Partner schlagen. Dieser fängt den Ball auf und spielt ebenso zurück.
2. Den Ball nur noch einmal aufspringen lassen und diagonal zum Partner spielen, der den Ball auffängt und genauso zurückspielt.
3. Der Ball wird nach einmaligem Aufspringen („indirekter Aufschlag") diagonal zum Partner „gekontert", der den Ball direkt zurück kontert. Nach mehrmaligen Versuchen wird der Ballwechsel bis zum Fehler ausgespielt.
4. „Indirekter RH-Konteraufschlag" und Ausspielen des Ballwechsels.
5. Regelgerechter Rückhand-Konteraufschlag und Ausspielen des Ballwechsels
6. Nach dem Lernprinzip „Besser werden" können hier Anreize geschaffen werden, wie „10, 20 oder noch mehr Ballwechsel ohne Fehler".

## Balleimertraining

An einem Tisch übt ein Schüler mit Hilfe des Balleimertrainings die RH-Konterschlagtechnik. Ist ein Spieler im Zuspiel beim Balleimertraining geübt (z. B. Vereinsspieler), kann an mehreren Tischen Balleimertraining gespielt werden.
An den anderen Tischen werden die Lernschritte der Übung 1 miteinander durchgespielt und geübt.

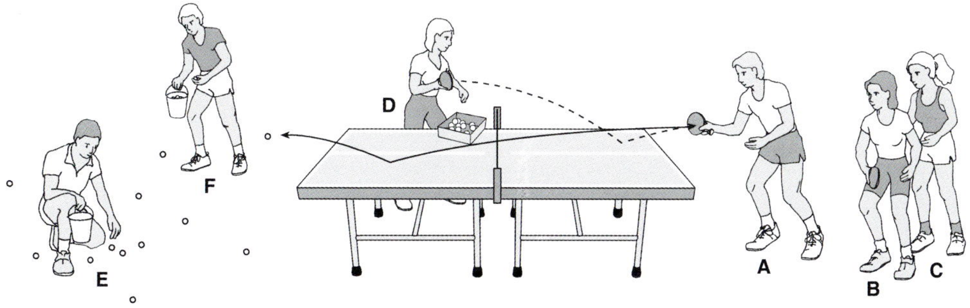

## Aufschlagtraining

Der Hinweis, dass die Schlagbewegung beim regelgerechten Aufschlag fast identisch mit dem Konterschlag ist (allerdings dosierter), der Ball aber erst in der eigenen Tischhälfte über das Netz in die gegnerische Tischhälfte gespielt wird, stellt erfahrungsgemäß kaum Probleme bei den Schülern dar.

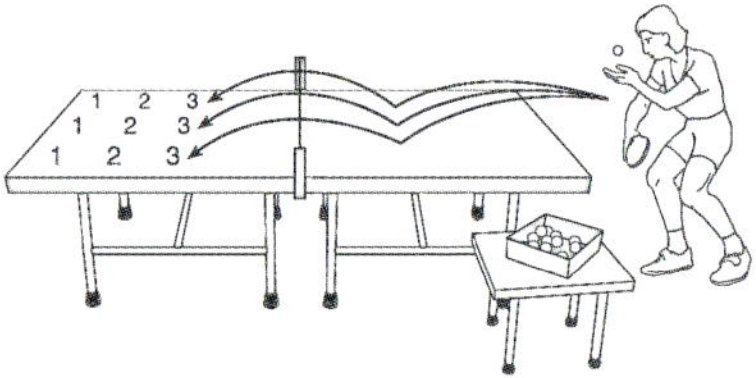


Aufschlagregel und Spielregeln siehe als Zusatzmaterial und als Download unter www.sportfachbuch.de/m/5C5364.

1. Der Schüler spielt genau platzierte Konteraufschläge aus der Rückhand-Seite mit der Rückhand parallel, in die Mitte und diagonal in die Zielfelder mit der Nr. 1!
2. Der Schüler spielt genau platzierte Konteraufschläge aus der Tischmitte mit der Vorhand parallel in die Mitte und diagonal rechts und links in die Zielfelder mit der Nr. 1!

## Spielphase

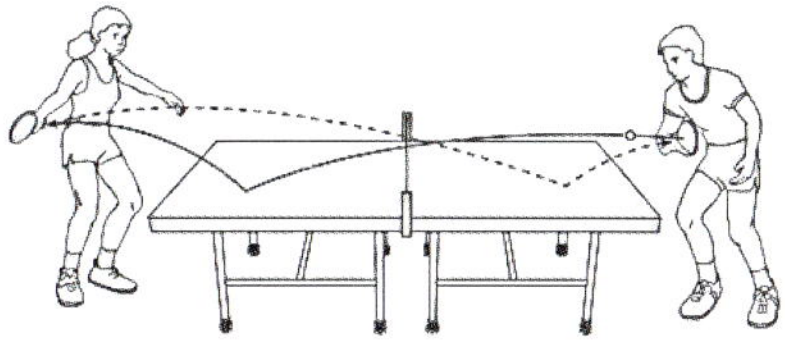

- Wettkampfspiele als Einzel- oder Doppelspiele. Zugelassen sind die offiziellen Zählregeln oder alternative Zählweisen (z. B. Zählweisen aus dem Volleyballspiel, Tennisspiel u. a.).

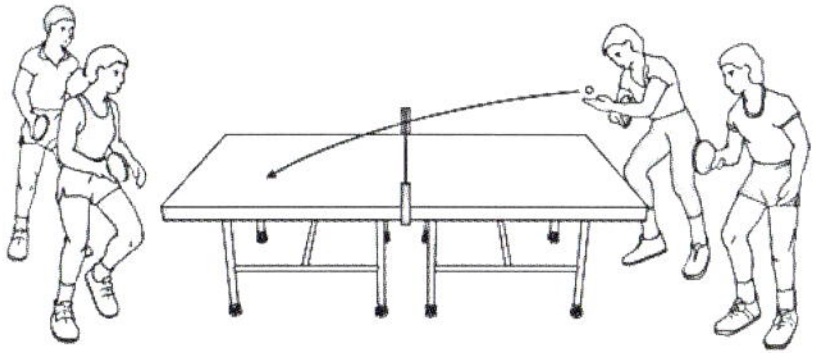

- Spielen eines wettkampfmäßigen Satzes (oder 2 Gewinnsätze)
- Spielen nach Badmintonregeln! Nur wer aufschlägt, kann den zählbaren Punkt machen! (Aufschlagwechsel ist nach jedem Fehler.)
- Spielen nach Tennisregeln!

# Thema 5: Vorhand- und Rückhand-Konterschläge

## Aufwärmphase

### Ultimate-Frisbee

Zwei Mannschaften haben die Aufgabe, durch Passen und Fangen eine Frisbee-Scheibe hinter eine Linie zu befördern, wo sie von einem Mannschaftsmitglied gefangen werden muss. Die gegnerische Mannschaft versucht die Scheibe vorher abzufangen und ebenfalls hinter eine Linie zu bringen. Mit der Scheibe darf nicht gelaufen werden, Gegnerberührungen sind verboten, eine auf dem Boden liegende Scheibe ist frei.

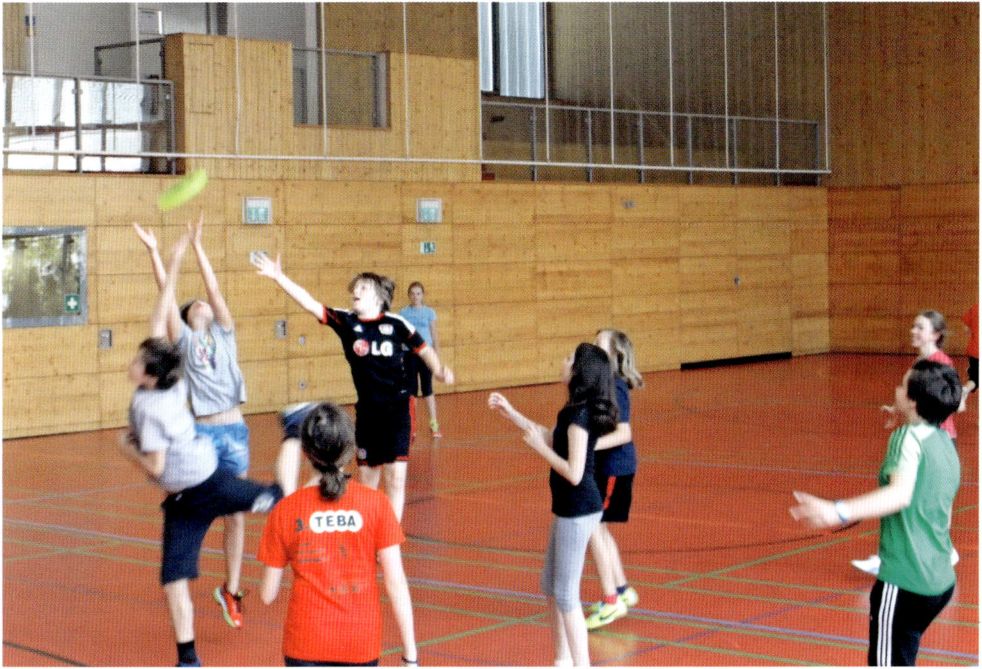
LG
TEBA

## Übungsphase

- Vorhand-Konterschläge diagonal mit abgedeckter Rückhandseite. Der Beginn erfolgt mit Vorhand-Konteraufschlag oder„indirektem VH- Konteraufschlag“!

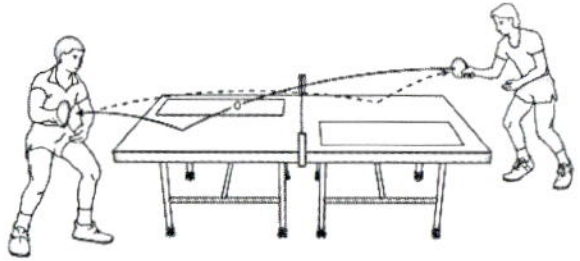

- Rückhand-Konterschlag diagonal. A und B spielen Rückhand-Konterschläge diagonal mit abgedeckter Vorhandseite. Der Beginn erfolgt mit Rückhand-Konteraufschlag oder indirektem Rückhand-Konteraufschlag!

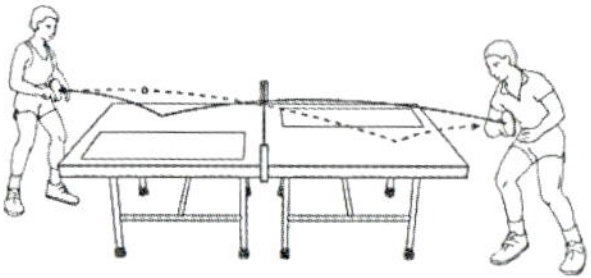

- Vorhand- und Rückhand-Konterschläge „über Kreuz“. Spieler A und B spielen VH-Konterschläge diagonal aus der VH-Seite. Gleichzeitig spielen Spieler C und D RH-Konterschläge aus der RH-Seite diagonal. Der Beginn der Übungsform erfolgt mit Konteraufschlägen oder „indirekten Konteraufschlägen“!

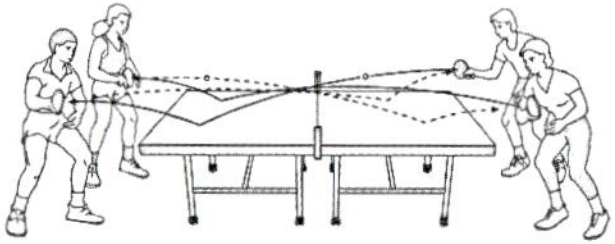

## Spielphase

**Schwarz-Weiß-Turnier** (als Einzel- oder Doppelturnier)

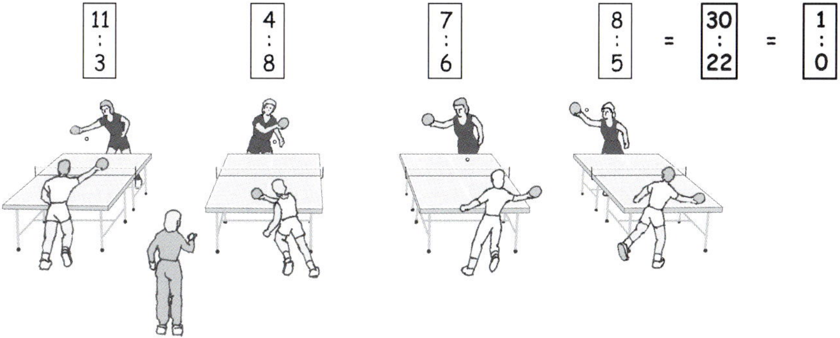


Die Spieler der jeweiligen Tischseiten bilden die Mannschaften „Schwarz" und „Weiß". Es wird wie beim Kaiserspielturnier auf Zeit gespielt. Beim „Stopp"-Ruf wird der momentane Spielstand in der Summe auf beiden Tischseiten festgehalten.

Die insgesamt führende Mannschaft erhält einen Punkt. Dann geht es in die nächste Runde, bei der die Spieler innerhalb ihrer Mannschaft beliebig wechseln können.

# Thema 6: Vertiefung Vorhand- u. Rückhand-Konterschläge

## Aufwärmphase

### „Klein-Erna-Spiel“

Mehrere Spieler (am besten bilden 6 Spieler eine „Familie“) nehmen hintereinander Aufstellung. Jeder Spieler stellt ein „Familienmitglied“ dar, das durch einen Text festgelegt wird. Wird die Person der Familie im Text genannt, muss der Spieler um die gesamte Gruppe („eigene Familie“) herumlaufen und wieder an seinem Ursprungsplatz Aufstellung nehmen. Wird das Wort *„Alle“* gerufen, so müssen alle Spieler gleichzeitig ihre Wege laufen. Dabei werden wieder verschiedene Aufgaben mit Schläger und Ball ausgeführt. Ziel ist es, den Ball nicht zu verlieren und mit niemandem zusammenzustoßen.

Text steht als Download unter www.sportfachbuch.de/6590 zur Verfügung.

## Übungsphase

- Konterschläge „Beinarbeit“. Spielerin A spielt regelmäßig 1-mal Vorhand-Konterschlag parallel (1) und 1-mal Rückhand-Konterschlag diagonal (2). Spieler B kontert mit der Rückhand regelmäßig 1-mal parallel und 1-mal diagonal.

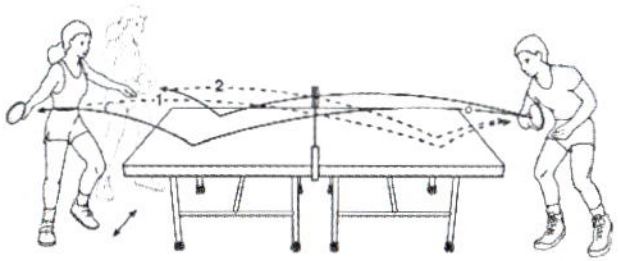

- Konterschläge „Achterbahn“. A spielt Vorhand-Konterschlag (2) und Rückhand-Konterschlag (4) nur diagonal und B spielt Rückhand-Konterschlag (1) und Vorhand-Konterschlag (3) nur parallel.

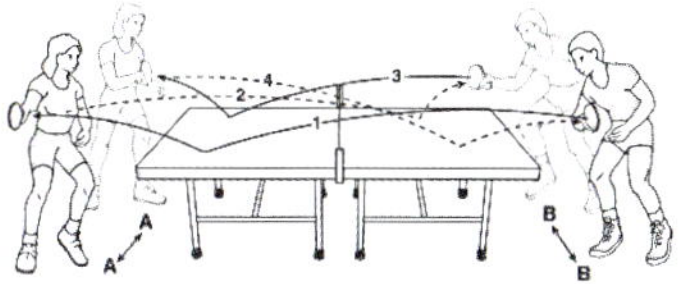

- Rückhand-Konterschlag ohne Pause: mit Zielvorgaben 20-mal, 30-mal, 40-mal ohne Fehler zu spielen. Hat Spieler A einen Fehler gemacht, muss er bei null wieder beginnen, während Spieler B weiterzählt.

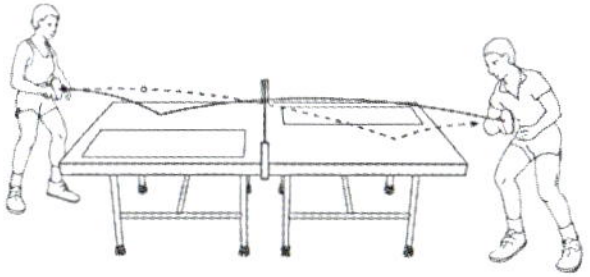

- Vorhand-Konterschlag ohne Pause: mit Zielvorgaben 20-mal, 30-mal, 40-mal ohne Fehler zu spielen. Hat Spieler A einen Fehler gemacht, muss er bei null wieder beginnen, während Spieler B weiterzählt.

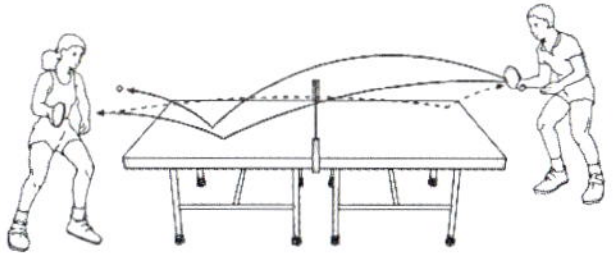

## Spielphase

### Tischtennis-Biathlon

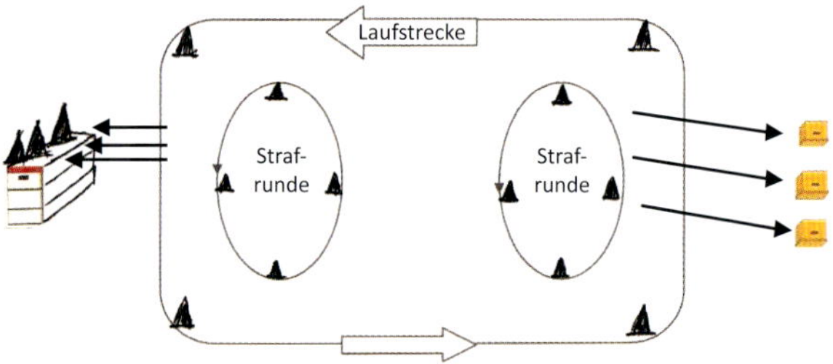


Eine **Laufstrecke** (Sprint oder Ausdauerstrecke) wird in der Halle mit Pylonen abgesteckt. Die Schüler haben jeder einen Schläger und einen Ball, mit dem sie den Ball auf dem Schläger zu den Stationen balancieren müssen. An den Stationen liegen jeweils drei TT-Bälle bereit, mit denen **Zielaufgaben mit Schläger und Ball** erfüllt werden müssen (z. B. leichte große Plastikbecher auf einem Kasten abschießen) und/oder in ein Ziel (kleine Kästen) aus 3 m Entfernung hineinschlagen.

Gelingt dies nicht, muss eine **Strafrunde** mit dem zu balancierenden Ball, die im Innern der Laufrunde markiert ist, absolviert werden.

Die **Grundidee** kann in vielfacher Weise modifiziert und den jeweiligen materiellen und Gruppenbedingungen angepasst werden: Biathlon kann sowohl als **Einzel- als auch als Staffelwettbewerb** organisiert werden.

# Thema 7: Vorhand-Topspin und Rückhand-Block

## Aufwärmphase

**Wer hat Angst vor „Rossi"?**
(Jörg Rossi Roßkopf, Weltmeister, Bundestrainer)

Ein Schüler ist Fänger und steht alleine an der Stirnseite der Halle. Die anderen Schüler haben jeweils einen Schläger und Ball und stehen an der anderen Stirnseite der Halle über die gesamte Hallenbreite verteilt. Der Fänger ist „Rossi" und ruft: „Wer hat Angst vor Rossi?" Die Schülergruppe antwortet: „Niemand!". Der Fänger „Rossi" ruft: „Und wenn er kommt?". Die Schülergruppe antwortet: „Dann tippen wir den Ball mit der Vorhand und kommen!" Der Fänger und die Schülergruppe laufen jetzt zur gegenüberliegenden Hallenseite, wobei der Fänger versucht, so viele Schüler wie möglich abzuschlagen. Die abgeschlagenen Schüler sind in der nächsten Runde ebenfalls Fänger, genau wie die Schüler, die den tippenden Ball haben fallen lassen. Wer nach mehreren Runden als letzter Schüler übrig bleibt, ist Sieger und der neue „Rossi".

## Übungsphase

- Der Übende steht auf der RH-Seite seitlich neben dem Tisch, lässt den Ball zwei- bis dreimal auf dem Tisch aufspringen und spielt ihn mit dem Topspinschlag diagonal zum Partner. Dieser fängt den Ball auf und spielt genauso zurück.

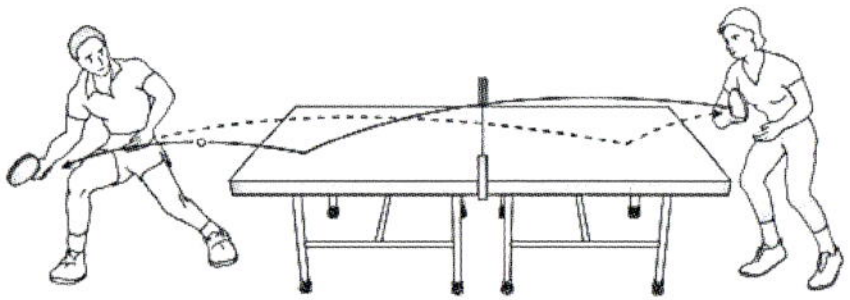

- Der Spieler lässt den Ball nur noch einmal auf der RH-Tischseite aufspringen und schlägt ihn mit der Topspinbewegung diagonal zum Partner.
- Der Übende schlägt den Ball mit der Topspin-Schlagbewegung diagonal zum Partner (siehe oben), der mit dem Rückhand-Konterschlag (Achtung: relativ passiver RH-Konterschlag mit wenig Aushol- und Ausschwungbewegung) oder RH-Block diagonal zurückschlägt. Der Übende fängt den Ball auf und spielt erneut. Jeder Spieler wiederholt die Übungsform mehrmals.
- Wie zuvor, aber der Ballwechsel wird bis zum Fehler ausgespielt.

- Erlernen des früh geschlagenen VH-Topspinschlages mit Hilfe des Balleimertrainings: Der Zuspieler spielt dem Übenden die Bälle ohne oder auch mit leichter Vw-Rotation kontinuierlich in die Vorhandseite zu. Der Übende schlägt den Ball mit der erklärten Topspinbewegung diagonal zurück.
  Ein Mitschüler hat die Aufgabe, die gespielten Bälle mit einem Markierungshütchen zu reagieren und aufzufangen. Zwei weitere Mitschüler sammeln die Bälle, die auf den Boden fallen, auf. Alle Ballsammler sorgen dafür, dass der Balleimer immer wieder mit Bällen gefüllt wird.
  Es können so auch mehrere Schüler als Übende trainiert werden, indem jeder Schüler zehn Topspinschläge spielt, dann der nächste an der Reihe ist. Nach einiger Zeit wechseln die Aufgaben für die Schüler.

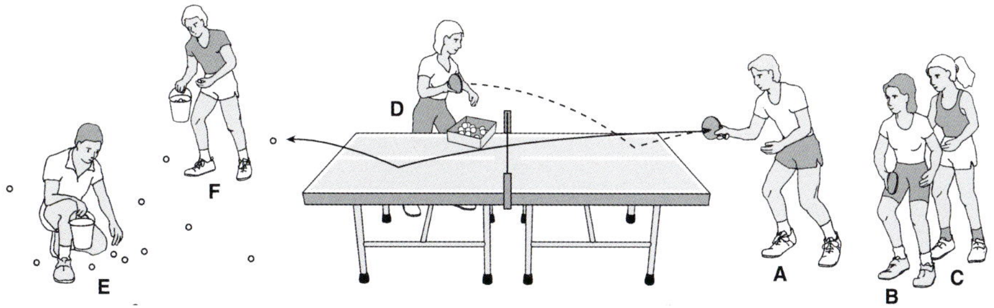

- Spieler A spielt aus der VH-Seite VH-Topspin parallel, Spieler B blockt mit der Rückhand parallel zurück.

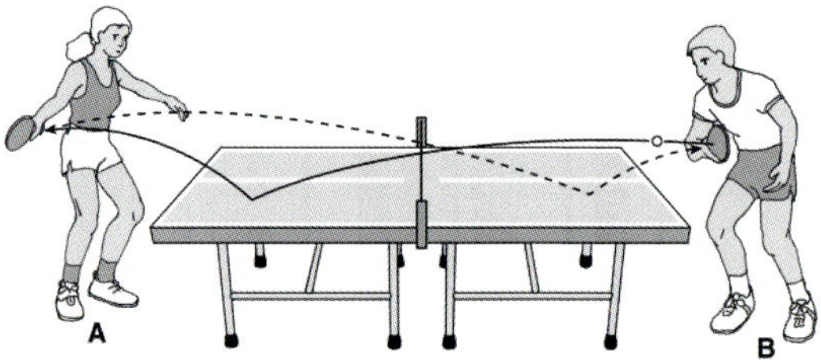


- Spieler A spielt abwechselnd aus der Rückhandseite VH-Topspin diagonal und RH-Konter diagonal, Spieler B blockt und kontert mit der Rückhand diagonal zurück.

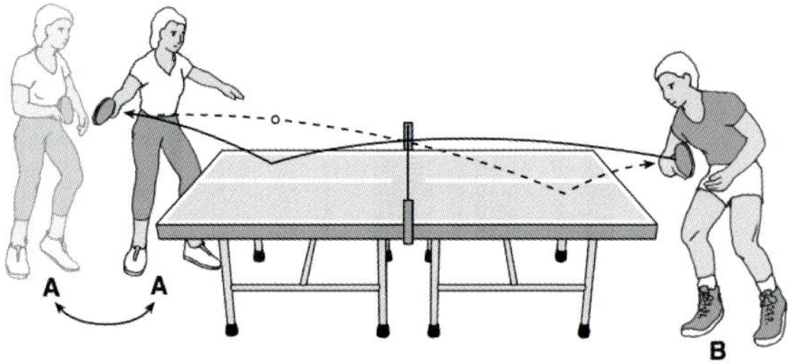

## Spielphase

### Kaiserspielturnier auf Zeit

Jede Runde dauert 4 Min.! Das Spiel kann mit „indirektem" oder offiziellem Aufschlag begonnen werden. Die Spiele beginnen und enden gleichzeitig auf Pfiff des Lehrers! Danach wechseln die Sieger (Führenden) bzw. Verlierer (Zurückliegenden) an die benachbarten Tische. Der Sieger am Kaisertisch ist an Tisch 1 auf der Kaiserposition. Der Verlierer an Tisch 4 bleibt stehen oder wechselt auf die Bank, von der bei zu großer Spielerzahl der erste wartende Spieler an Tisch 4 rückt.

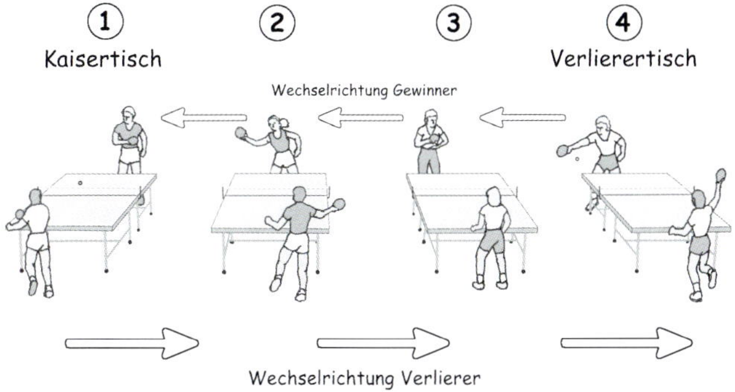

# Thema 8: Vorhand-Topspin und Vorhand-Block

## Aufwärmphase

### „Rettungsinsel“

Zwei bis vier Spieler verfolgen die anderen Schüler in der ganzen Halle. In der Halle stehen verteilt kleine Kästen als „Rettungsinseln“ herum. Es dürfen aber nur eine Rettungsinsel weniger in der Halle stehen, als Fünfergruppen aus den Schülern gebildet werden können (bei 30 Schülern 5 Rettungsinseln). Hat ein Fänger einen Mitschüler abgeschlagen, fassen sich beide an der Hand und bilden eine Kette. Jeder weitere abgeschlagene Schüler kommt als neues Kettenmitglied dazu (vgl. Kettenfangen). Sobald eine Viererkette ein fünftes „Kettenglied“ abschlägt, rufen diese fünf Spieler laut „Rette sich wer kann!“. Bei diesem Ruf lösen sich alle Ketten auf und jeder versucht sich so schnell wie möglich auf einer Rettungsinsel (Kasten) in Sicherheit zu bringen. Auf jeder Rettungsinsel dürfen nur 5 Spieler stehen, die sich gegenseitig halten, damit keiner herunterfällt. Diejenigen Spieler, die keine Rettungsinsel rechtzeitig erreicht haben, werden die neuen Fänger.

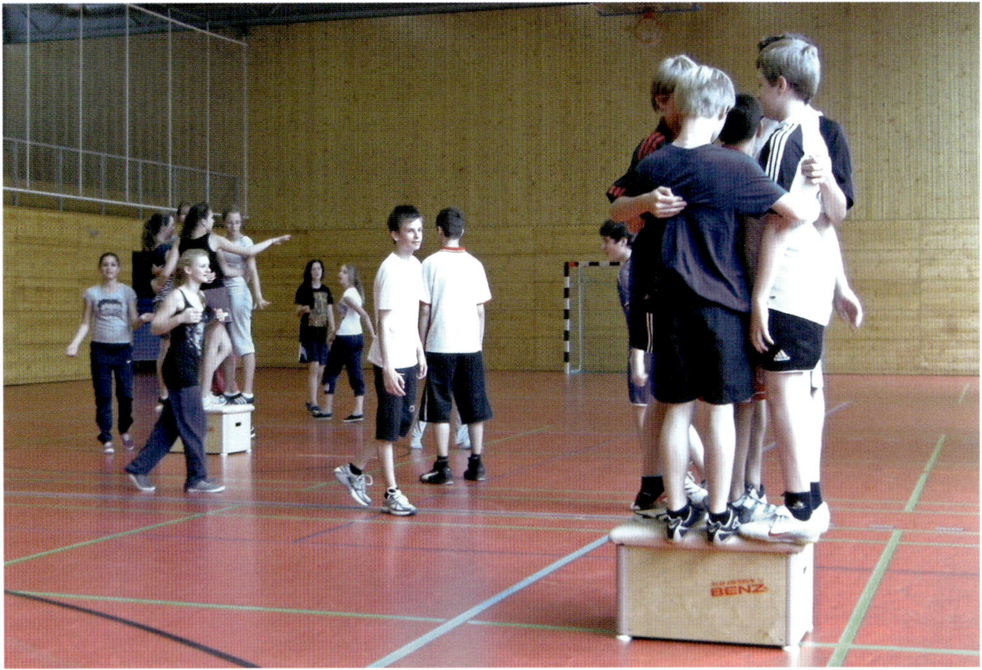
BENZ

## Übungsphase

- Schüler A beginnt mit VH-Konteraufschlag oder indirektem VH-Konterschlag aus der VH-Seite diagonal. Spieler B spielt aus der Vorhand-Seite VH-Topspin diagonal. Spieler A spielt den Topspin mit dem Vorhand-Block diagonal (Achtung: relativ passiver VH-Konterschlag mit wenig Aushol- und Ausschwungbewegung) zurück. Spieler B spielt dann VH-Topspin diagonal gegen Block weiter.

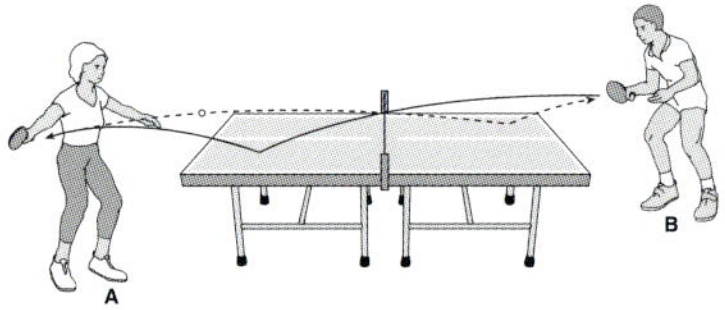


- Die Rückhandseiten des Tisches werden mit Handtüchern oder Trainingsjacken abgedeckt. Spieler A spielt VH-Topspin diagonal aus der VH-Seite. Spieler B blockt diagonal mit Vorhand zurück.
  Nach dem Lernprinzip „Besser werden" können hier Anreize geschaffen werden, wie „10, 20 oder noch mehr Ballwechsel ohne Fehler"

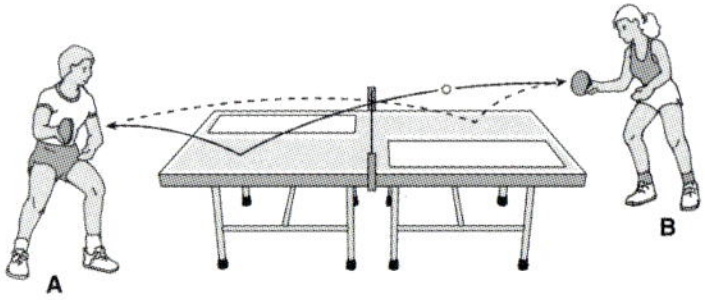


- Spieler A spielt VH-Topspin aus der VH-Seite einmal diagonal, einmal parallel. Spieler B blockt abwechselnd mit Vorhand diagonal, mit der Rückhand parallel zurück.

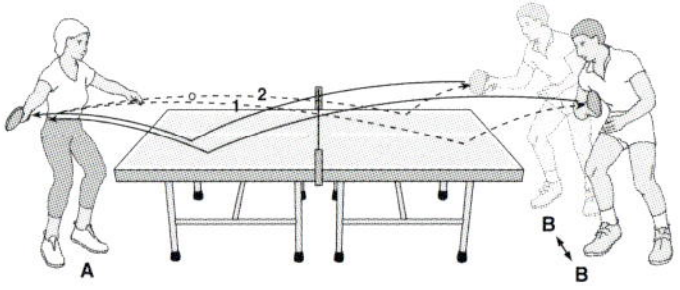

## Spielphase

### Tischtennis-Schachturnier

Hierbei werden nicht Sätze oder Spiele gezählt, sondern die Balldifferenz der einzelnen Sätze. Das führt dazu, dass jeder gespielte Ballwechsel wichtig ist und zählt. Denn das kann auch Niederlagen ausgleichen.

***Variante***

- Spielturnier als Doppel-Wettkampf spielen lassen.
- Bei vielen Schülern und wenigen Tischen in Gruppen-Pools aufteilen.
- Nach Zeit spielen lassen.
- Einen Satz bis 11 spielen lassen.

**TT-Schachturnier**

Jeder gegen jeden

| Nr. | Name | 1 | 2 | 3 | 4 | Punkte | Platz |
|---|---|---|---|---|---|---|---|
| 1 | Sebastian | | 11 : 8<br>+3 | 5 : 11<br>−6 | 13 : 11<br>+2 | −1 | III |
| 2 | Heike | 8: 11<br>−3 | | 11 : 3<br>+8 | 11 : 9<br>+2 | +7 | I |
| 3 | Marius | 11 : 5<br>+6 | 3 : 11<br>−8 | | 7 : 11<br>−4 | −6 | IV |
| 4 | Tobias | 11 : 13<br>−2 | 9 : 11<br>−2 | 11 : 7<br>+4 | | 0 | II |

# Thema 9.1: Vertiefung Konterschläge, Topspin, Block

## Aufwärmphase

### Pärchenfußball

Die Schüler gehen als Zweierpaare Hand an Hand zusammen und bilden zwei Fußball-Mannschaften. Es wird nach Hallenfußballregeln gegeneinander gespielt, wobei nur mit dem Partner an der Hand gelaufen und gespielt werden darf. Löst sich die Hand eines Paares, gibt es Freistoß für die gegnerische Mannschaft. Achtung: Das Torhüterpaar bzw. das Paar, welches als letztes Paar im Tor steht (bei rotierendem Torhüterpaar), darf mit der jeweils freien Hand den Ball halten. Feste Fernschüsse sind untersagt!

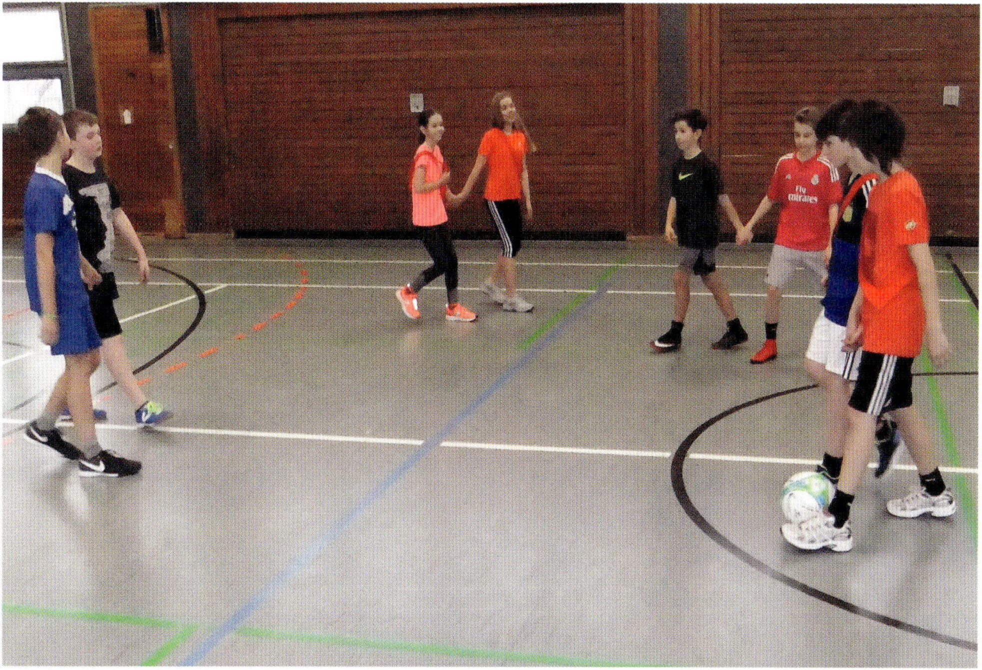
Fly
Emirates

## Übungsphase

**Regelmäßig-kombinierte Übung:
VH-Topspin/RH-Konterschlag-
Beinarbeit**

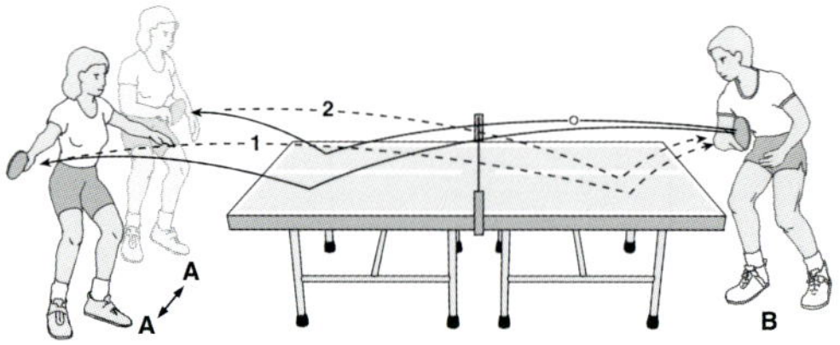


1. A spielt regelmäßig 1-mal VH-Topspin parallel (1) und 1-mal RH-Konterschlag diagonal (2) in die RH-Seite von B.
2. B spielt regelmäßig RH-Konterschlag 1-mal parallel und 1-mal diagonal.

**Regelmäßig-kombinierte Übung:
VH-/RH-Block gegen VH-Topspin**

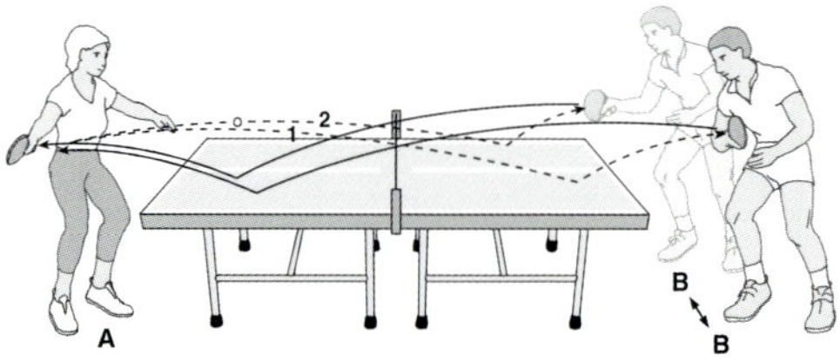


1. A spielt abwechselnd VH-Topspin aus der VH-Seite 1-mal diagonal und 1-mal parallel.
2. B blockt mit RH parallel und mit VH diagonal.

**Regelmäßig-kombinierte Übung:**
**„Achterbahn"**
**(Achtung: hoher Schwierigkeitsgrad)**

Spieler A spielt regelmäßig einmal VH-Topspin aus der VH-Seite diagonal und RH-Konterschlag aus der RH-Seite diagonal. Spieler B spielt RH-Konterschlag aus der RH-Seite parallel und VH-Block aus der VH-Seite parallel.

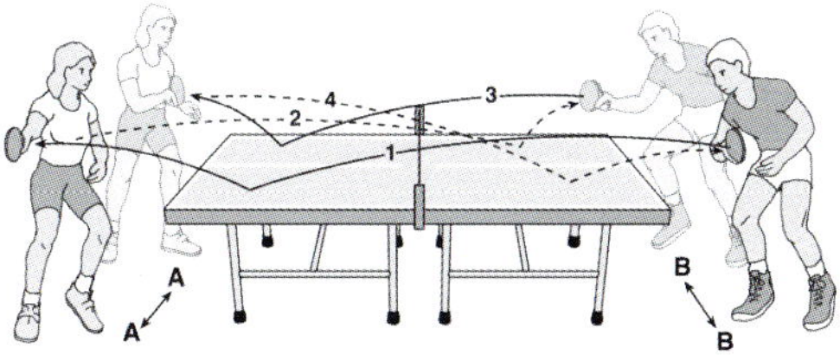

## Spielphase

### Zettelwirtschaft

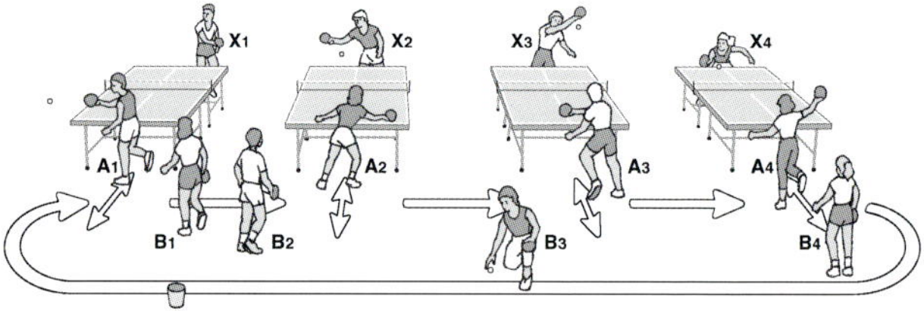


Zu Beginn des Turniers spielt X gegen A. Ist der Ballwechsel beendet, spielt Spieler B gegen X weiter. A holt in der Zwischenzeit seinen Ball und wartet an einem Platz, von dem er schnellstmöglich wieder aufschlagen kann. Wichtig ist, dass sich Spieler A und B nach jedem Ballwechsel ablösen. Wenn z. B. Spieler A mit dem Ball noch nicht zurück ist, muss B warten. Haben A oder B für sich 5 Punkte erreicht, so legen sie einen Zettel unter das Netz des betreffenden Tisches. Nach Beendigung des ersten Spielabschnittes (Zeitvorgabe) gehen A und B zum nächsten Tisch. Der Einzelspieler X bleibt an seinem Tisch zurück. Es werden so viele Durchgänge gespielt, wie Tische vorhanden sind. Gespielt wird immer zu dritt an einem Tisch. Spieler A und B erhalten Zettel und je einen Ball. Sieger ist der Spieler, der nach allen Durchgängen am wenigsten Zettel unter seinem Netz liegen hat oder das Spielpaar A/B, das die meisten Zettel ablegen konnte.

# Thema 9.2: Vertiefung Konterschläge, Topspin, Block, Aufschläge

## Aufwärmphase

### Brückenfangen

Zwei bis vier Schüler (je nach Klassengröße) sind Fänger. Die von ihnen abgeschlagenen Mitschüler müssen sich in die „Brücke" (Grätschstand) stellen. Sie können durch ihre Mitschüler befreit werden, indem diese durch die gegrätschten Beine schlüpfen.
Die Fänger haben eine bestimmte Zeit zur Verfügung (3–5 Minuten), um die gesamte Gruppe in die Brücke zu schlagen, ansonsten ist die weglaufende Gruppe Sieger.

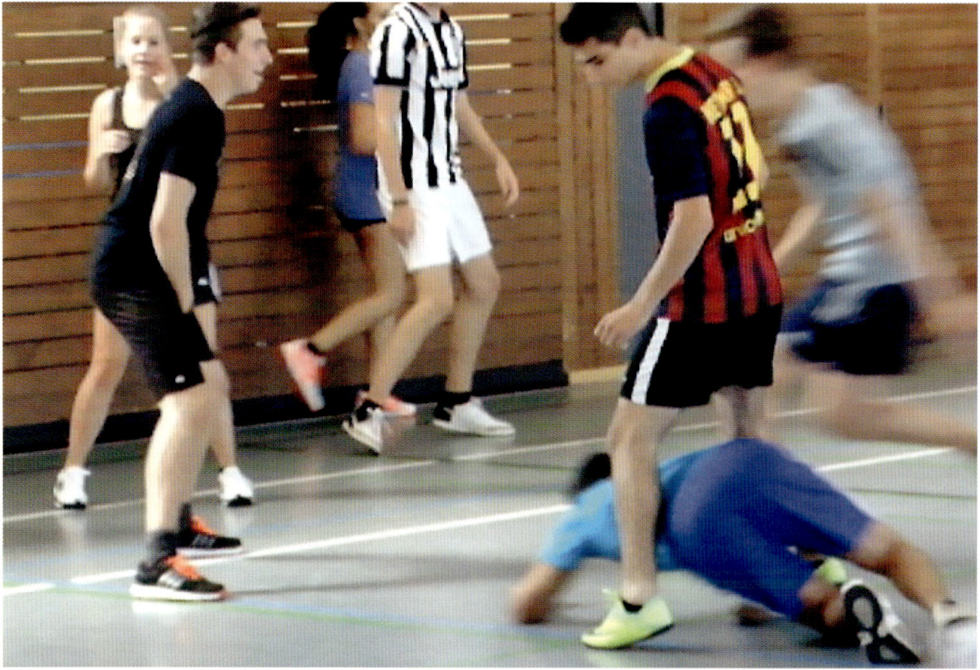

## Übungsphase

### Aufschlagtraining VH-/RH-Konteraufschlag, VH-Topspinaufschlag („Rollaufschlag")

Der Hinweis, dass die Schlagbewegung beim regelgerechten Aufschlag fast identisch mit den erlernten Schlagtechniken Konterschläge und VH-Topspin ist (allerdings dosierter), der Ball aber erst in der eigenen Tischhälfte über das Netz in die gegnerische Tischhälfte gespielt wird, stellt erfahrungsgemäß kaum Probleme bei den Schülern dar. Aufschlagregel und Spielregeln siehe als Zusatzmaterial und als Download unter www.sportfachbuch.de/m/5C5364. Die Aufschläge werden vom Einfachen zum Schwierigen erst diagonal, parallel, und dann mit Änderung der Trefferfelder geübt. Methodisch-organisatorisch lässt sich das Üben der Aufschläge interessant vermitteln, indem man in Wettbewerbsform in Zielbereiche aufschlagen lässt. Zielbereiche können kleine Kästen (z. B. der Deckel eines Schuhkartons) auf dem Tisch, Handtücher, DIN-A4-Blätter oder Bierdeckel sein. Als Wettkampfform kann angeboten werden: „Wer trifft am häufigsten?"

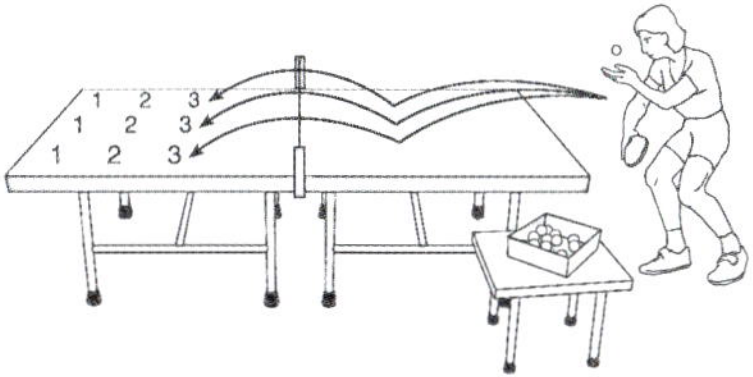

Zur Schulung der jeweiligen Aufschläge können folgende Spiel- und Übungsformen genutzt werden:

***Aufschlagsatz***

Ein Spieler hat den ganzen Satz lang Aufschlag. Direktpunkte mit dem Aufschlag zählen doppelt (dreifach). Als Variante kann die Aufschlagart vorgeschrieben werden, z. B. nur Konteraufschläge. Hiermit soll die Aufschlagverbesserung bzw. das Erzielen von Direktpunkten geschult werden.

***Tennissatz***

Es wird wie im Tennis gezählt, d. h., es sind zwei Aufschläge möglich. Dadurch sollen Risikoaufschläge verbessert werden.

***Der 3. Ball***

Ein Spieler hat laufend Aufschlag. Spätestens mit dem 3. Ballkontakt muss der Aufschläger einen Punkt erzielt haben, sonst geht der Punkt an den Gegner.

***Badmintonsatz***

Freies Spiel bis 11. Die Zählweise erfolgt nach Badmintonregeln, d. h. nur der Aufschläger kann punkten.

**Unregelmäßig-wettkampfnahe Komplexübung**

Spieler A spielt RH-Konteraufschlag parallel. Spieler B spielt VH-Konterschlag parallel. A spielt RH-Konterschlag diagonal. B spielt RH-Konterschlag parallel. A spielt VH-Topspin diagonal. Ab diesem Zeitpunkt wird der Ballwechsel mit freiem Spiel zum Punktgewinn zu Ende gespielt.

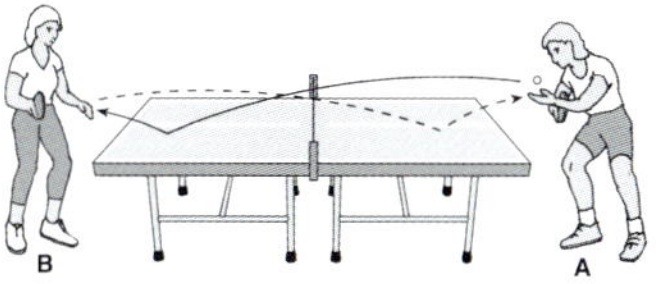


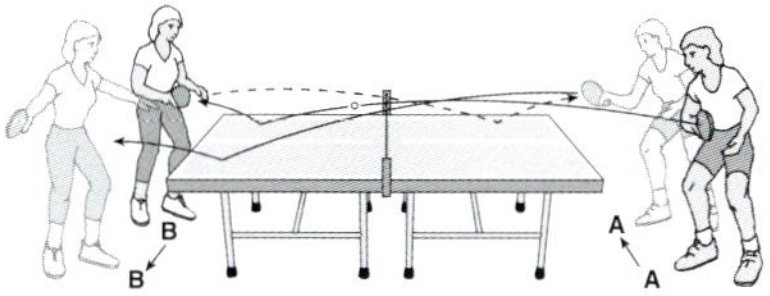


**Unregelmäßig-wettkampfnahe Komplexübung**

Spieler A spielt verschiedene Aufschläge mit RH oder VH – aber in die Tischmitte! Spieler B spielt situationsgerecht mit VH- oder RH-Konterschlag oder VH-Topspin über den gesamten Tisch zurück. A spielt ebenfalls situationsgerecht mit Konterschlägen oder Topspin – aber nur in die RH-Seite von B. B blockt oder kontert mit der Rückhand frei über die gesamte Tischbreite von A. Spieler A reagiert jeweils mit VH-/RH-Konterschlag oder VH-Topspin und versucht möglichst lange Ballwechsel zu spielen.

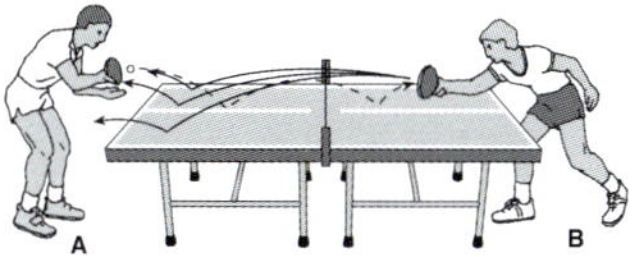


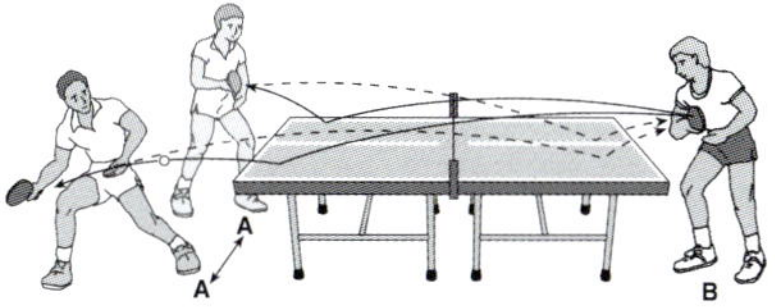

## Spielphase

### „Verflixte 7"

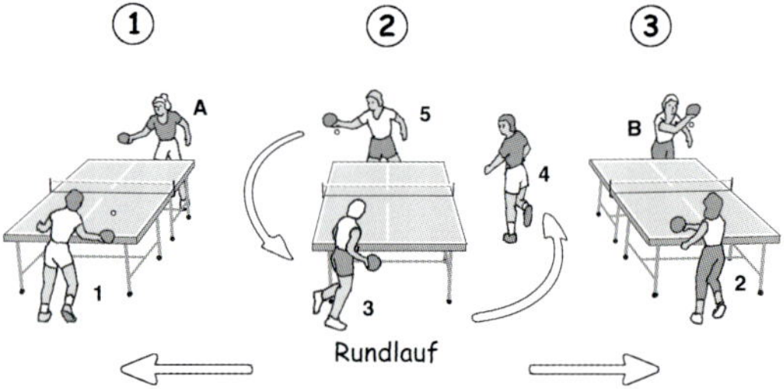


Die Spieler A und B bleiben fest an Tisch 1 und Tisch 3. Die Spieler 1–5 sind die eigentlichen Wettkampfgegner, von denen jeder zunächst ein Punktepolster von 20 Punkten erhält. Zwei Spieler werden an Tisch 1 bzw. 3 zugelost. Die restlichen drei Spieler spielen an Tisch 2 Rundlauf auf drei Punkte bis zum Ausscheiden. Während an den Tischen 1 und 3 die Spieler ihr Punktekonto vergrößern bzw. verkleinern, beginnt an Tisch 2 der Rundlauf. Wer zuerst ausscheidet, löst sofort den Spieler an Tisch 3 ab und muss um seine Punkte kämpfen. Der abgelöste Spieler wartet an Tisch 2 das Endspiel des Rundlaufes ab. Der Sieger des Rundlaufes löst den Spieler an Tisch 1 ab und kann sein Punktepolster ausbauen. Der Verlierer des Endspiels beginnt mit den zwei abgelösten Spielern einen neuen Rundlauf.
Das Turnier eignet sich auch sehr gut für Doppelwettkämpfe!

# Thema 10: Vertiefung Konterschläge, Topspin, Aufschlag

## Aufwärmphase

### Kettenfangen

Beliebig viele Spieler laufen in der Halle umher. Sie werden von einem Spieler verfolgt. Hat dieser einen Spieler abgeschlagen, bilden die beiden eine Kette und verfolgen die restlichen Spieler. Jeder weitere abgeschlagene Spieler kommt als neues Kettenmitglied dazu, wobei nur die beiden äußeren Spieler der Kette mit ihren freien Händen abschlagen dürfen. Bei 4 Spielern in der Kette wird die Kette halbiert, sodass es im Verlauf des Spiels immer mehr Ketten gibt. Ziel ist es, alle Spieler zu fangen.

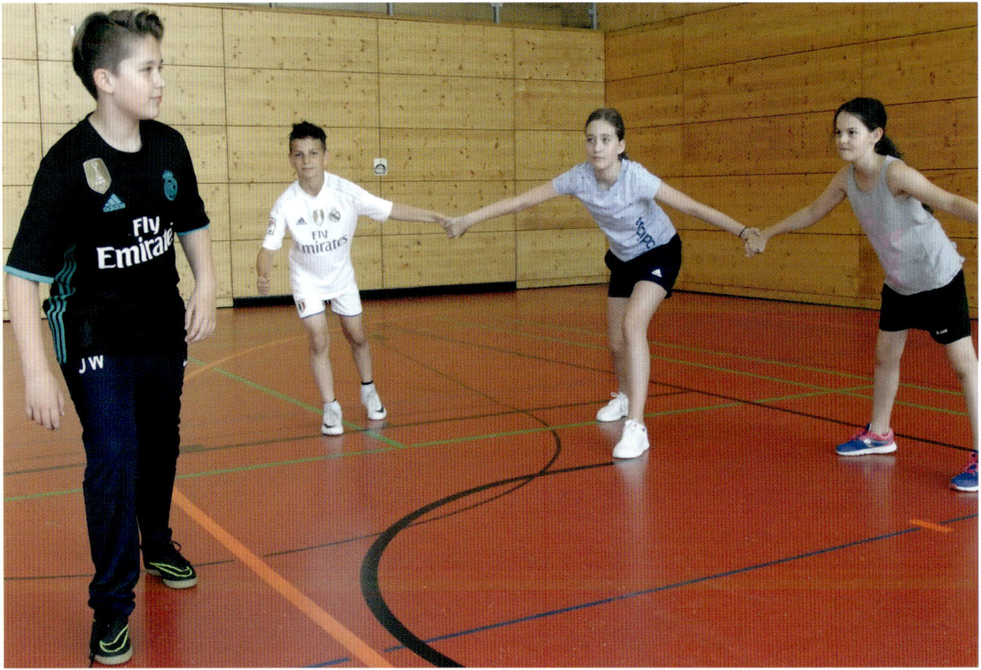
Fly
Emirates
JW
Fly
Emirates

## Übungsphase

**Stationstraining**

Jeder Schüler sucht sich in Absprache die Trainingsstationen aus, die er spielen möchte.

***Station 1***

„Rückhand Konterschlag ohne Pause"
(2 Schüler)

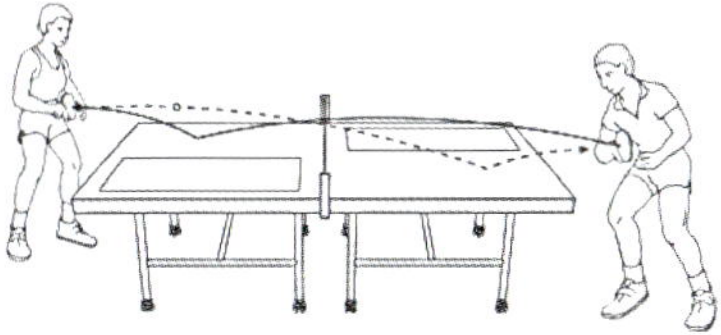

***Station 2***

„Rundlaufspiel"
(6 Schüler)

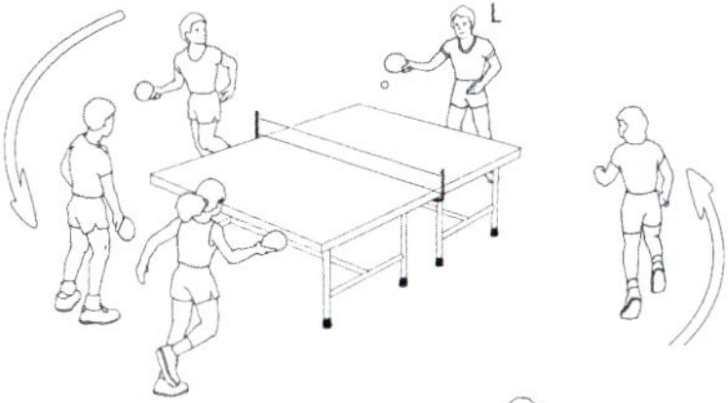


***Station 3***

„Vorhand-Topspin diagonal gegen VH-Block"
(2 Schüler)

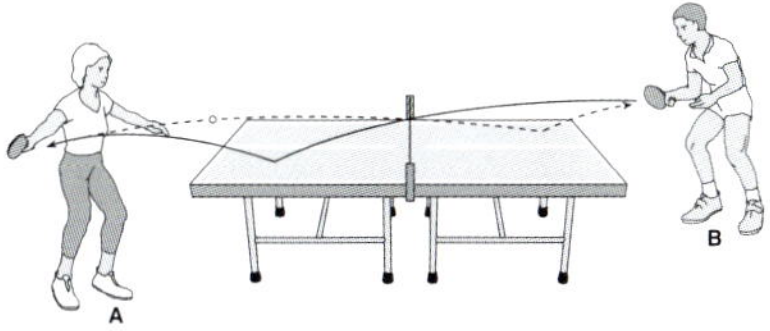

**_Station 4_**

„Balleimertraining" zum VH-Topspin und RH-Block.
(6 Schüler, 2 Balleimer, 80 Bälle)

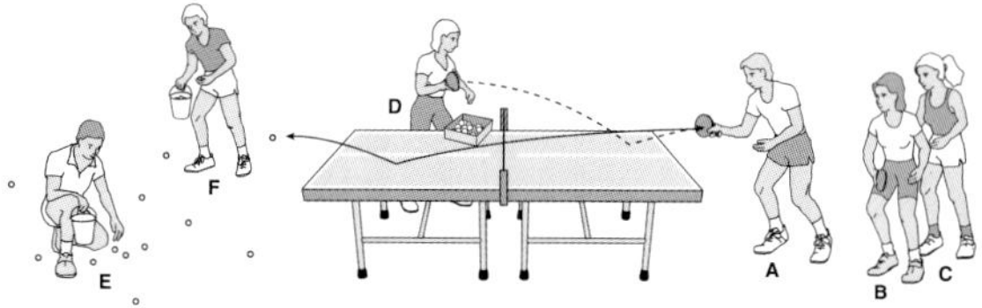


**_Station 5_**

„Vorhand-Konterschlag ohne Pause".
(2 Schüler)

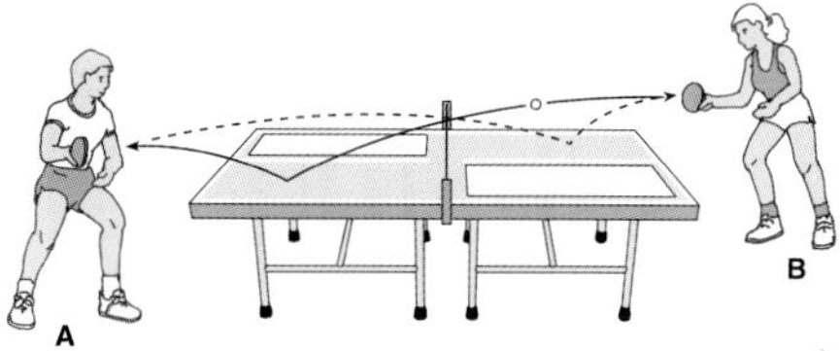


**_Station 6_**

Einsatz eines Korrekturbogens, mit dessen Hilfe ein Mitschüler Bewegungskorrekturen zum Vorhand- bzw. Rückhand-Konterschlag angeben kann.
(3 Schüler)

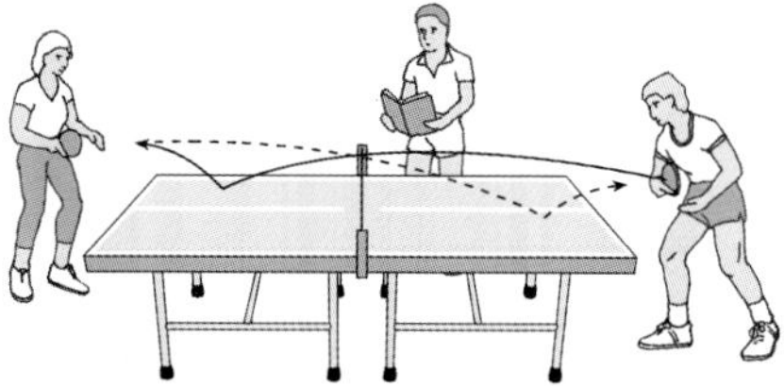